AF137682

BEI GRIN MACHT SICH IHR
WISSEN BEZAHLT

- Wir veröffentlichen Ihre Hausarbeit,
  Bachelor- und Masterarbeit

- Ihr eigenes eBook und Buch -
  weltweit in allen wichtigen Shops

- Verdienen Sie an jedem Verkauf

Jetzt bei www.GRIN.com hochladen
und kostenlos publizieren

C. Neeb, T. Müller, N. Sieber

Motivationstraining am Beispiel des Zielsetzungstrainings

GRIN Verlag

Bibliografische Information der Deutschen Nationalbibliothek:

Die Deutsche Bibliothek verzeichnet diese Publikation in der Deutschen National-
bibliografie; detaillierte bibliografische Daten sind im Internet über http://dnb.d-
nb.de/ abrufbar.

Impressum:

Copyright © 2005 GRIN Verlag GmbH
Druck und Bindung: Books on Demand GmbH, Norderstedt Germany
ISBN: 978-3-638-93768-9

Dieses Buch bei GRIN:

http://www.grin.com/de/e-book/62195/motivationstraining-am-beispiel-des-zielset-
zungstrainings

GRIN - Your knowledge has value

Der GRIN Verlag publiziert seit 1998 wissenschaftliche Arbeiten von Studenten, Hochschullehrern und anderen Akademikern als eBook und gedrucktes Buch. Die Verlagswebsite www.grin.com ist die ideale Plattform zur Veröffentlichung von Hausarbeiten, Abschlussarbeiten, wissenschaftlichen Aufsätzen, Dissertationen und Fachbüchern.

Technische Universität Darmstadt

Institut für Sportwissenschaft

PS Sportpsychologie

SoSe: 2005

Motivationstraining am Beispiel des Zielsetzungstrainings

- Ausarbeitung -

Christina Neeb

Nicole Sieber

Thorsten Müller

Inhaltsverzeichnis

1 Einleitung

„Ich möchte 10 Kilo abnehmen."

„Ich möchte mein Golf-Hanycap verbessern und die Clubmeisterschaften gewinnen."

„Bis August möchte ich mich vollständig von meiner Verletzung erholt haben."

Oft setzen sich Sportler Ziele wie die oben genannten für ihre Sportart oder Freizeitaktivitäten Es scheint also keine Frage zu sein, ob Sportler sich Ziele setzen, denn kaum einer geht „einfach so" in den Wettkampf oder ins Training. In Individualsportarten ist oft das Erreichen einer bestimmten Zeit oder Weite das Ziel, und in Mannschaftssportarten stellen das Erzielen eines Tores, einer bestimmten Punktzahl oder das bessere Abschneiden, als der direkte Gegenspieler, die Ziele dar.

Die Schwierigkeit scheint es also nicht zu sein, sich Ziele zu setzten, sondern die richtige Art von Zielen zu finden, um erfolgreich zu sein.

Die Vermutung liegt nah, dass diese Zielsetzungen teilweise spontan erfolgen d.h. nicht über einen längeren Zeitraum festgelegt sind. Oft werden diese Zielsetzungen auch nur für die Wettkampfsituation vorgenommen und es erfolgt keine Zielsetzung für das Training.

Die folgenden Kapitel sollen Aufschluss darüber geben, nachdem einige Grundbegriffe definiert wurden, wie Zielsetzungstraining im Allgemeinen funktionieren kann, welche Ziele wie gesetzt und progressiv gesteigert werden müssen, damit es zu einer maximalen Leistungsverbesserung kommen kann.

2 Definition des Motivbegriffs

Aus psychologischer Sicht stellt ein Motiv eine situations- und zeitüberdauernde sowie persönlichkeitsspezifische Wertungs- bzw. Verhaltensdisposition dar. Motive sind weiter eine Richtung gebende, antreibende, energetische Komponente, die auf das Erreichen bestimmter thematisch unterschiedlicher Ziele ausgerichtet ist. Allgemeiner formuliert kann man sagen, dass Motive als Persönlichkeitsmerkmale Einfluss darauf haben, wie ein Individuum sich in einer Situation verhält. Damit Motive verhaltenswirksam werden, bedürfen sie der Aktivierung durch konkrete, situative Bedingungen (vgl. Hänsel, 2004, S. 8).

Der Begriff stammt von dem lateinischen Wort „movere", was soviel wie „bewegen" oder „antreiben" bedeutet (vgl. www.wikipedia.de[1]). Mit dieser Erkenntnis ist zu verstehen, weswegen der Begriff des Motivs häufig synonym zu Beweggrund oder Antrieb verwendet wird. Dabei ist allerdings zu erwähnen, dass in der Literatur der Beweggrund häufig eher als emotional diffuse und der Begriff des Antriebs eher als rationale, zielorientierte Komponente verstanden wird.

Motive sind Produkte von Lernprozessen, die sich im Laufe des Lebens durch Erfahrungen verändern können (vgl. Erdmann, R. 1983, S.15).

Erst seit dem 20. Jahrhundert unterscheidet man das Motiv von dem Begriff der Motivation (www.wikipedia.de[2]). Auf die Motivation wird in Kapitel 3 noch näher eingegangen.

2.1 Motivklassifikationen

Die bekannteste Motivtheorie ist die Motivklassifikation nach Maslow. Es gibt allerdings auch noch weitere, von denen hier noch zwei erwähnt werden sollen. Zum einen ist dies, die Klassifikation nach Reiss, die im Jahre 2000 veröffentlicht wurde und die Klassifikation der empirischen Psychologie.

2.1.1 Motivklassifikation nach Maslow

Das Bedürfnismodell nach Maslow stammt aus dem Jahre 1954 und geht davon aus, dass es bei allen Bedürfnissen, die ein Mensch besitzt eine klare Rangordnung selbiger gibt. Ohne dass bestimmte Grundbedürfnisse wie beispielsweise Hunger und Durst gestillt sind, können die Übergeordneten nicht wirksam werden (vgl. Microsoft Encarta 2003[3]).

Die folgende Pyramide soll zeigen, welche Arten von Bedürfnissen unterschieden werden und wie sie einzuordnen sind.

Abb. 1: Maslows Bedürfnissystem der Persönlichkeit als hierarchisches Modell
(mod. Nach Hänsel, 2005, S. 7)

Zu den physiologischen Grundbedürfnissen zählen unter anderem Hunger, Durst und Sex. Das Bedürfnis nach Sicherheit umfasst Dinge wie Schutz vor Schmerz, Angst, Tod und vieles mehr. Unter den Begriff der sozialen Bedürfnisse fallen zum Beispiel Liebe, Geborgenheit und Geselligkeit, während unter Ansehen und Selbstachtung Begriffe wie Leistung, Geltung und Zustimmung fallen. An der Spitze der Pyramide findet man schließlich noch das Bedürfnis nach Selbstverwirklichung, wozu unter anderem Sinnverständnis, Glaube aber auch Erfüllung der Lebensziele zählen. (Vgl. Hänsel, 2004, S. 4)

Dieses Schema ist seit Jahren sehr populär, allerdings bis heute nicht empirisch belegt und daher nicht als ultimativ und einzig richtig anzusehen.

2.1.2 Motivklassifikation nach Reiss

Reiss veröffentlichte seine Erkenntnisse im Jahre 2000. Er geht davon aus, dass es 16 Motive gibt, die keiner hierarchischen Ordnung unterliegen. Diese Motive sind Macht, Unabhängigkeit, Neugier, Anerkennung, Ordnung, Sparen, Ehre, Idealismus, Beziehung, Familie, Stand, Rache, Romantik, Ernährung, körperliche Aktivität und Ruhe. Da dieses Schema noch recht neu ist, gibt es hierzu kaum bis keine empirischen Daten, wobei sich immer mehr Wissenschaftler für dieses Modell zu interessieren scheinen und in den nächsten Jahren wohl mit Ergebnissen bei den empirischen Untersuchungen zu rechnen ist (vgl. www.wikipedia.de[3])

2.1.3 Motivklassifikation der empirischen Psychologie

Die empirische Psychologie unterscheidet Primärmotive von den Sekundärmotiven. Primärmotive beruhen hierbei auf physiologischen Vorgängen. Als Beispiele sind das Nahrungsmotiv sowie das Kältevermeidungsmotiv zu nennen.

Die Basis für Sekundärmotive sind vornehmlich psychologische Vorgänge. Das Macht-, Leistungs- und Anschlussmotiv fallen in diesen Motivbereich.

„Motive werden traditionell mit dem Thematischen Auffassungstest (TAT) gemessen. In neuerer Zeit kommen auch Fragebögen zum Einsatz. Es hat sich jedoch gezeigt, dass Fragebögen nicht "dieselbe Art" von Motiven messen wie der TAT" (http://de.wikipedia.org)

3 Definition von Motivation

Der Motivation ist die Motivierung vorangestellt, ohne diese Motivation nicht möglich wäre und welche gerne mit dem Begriff der Motivation verwechselt bzw. als identisch benutzt wird (vgl. Hänsel, F., 2004, S 8).

Die Motivierung ist der Vorgang, durch den einer Handlung auf der Basis eines bestimmten Motivs der Antrieb gegeben wird (vgl. Microsoft Encarta 2003[4]). Das Ergebnis dieses Vorgangs ist die Motivation, auch Verhaltensbereitschaft genannt, die die Dynamik des Handelns bedingt. Sie ist meist kurzfristig und stets situationsabhängig. Es wird unterschieden zwischen intrinsischer und extrinsischer Motivation. Diese Begriffe werden in Kapitel 3.2 und 3.3 definiert und erläutert.

3.1 Motivationstheorien

Früher ging man davon aus, dass er Idealzustand, in dem sich ein Mensch befindet reizarm und bedürfnisfrei ist. Organismen wählen entsprechend immer die Verhaltensweise, die dieses Ziel am ehesten herbeiführt. So werden Handlungen auch nur so lange durchgeführt, bis ein motivationsloser, befriedigender Zustand erreicht ist (Triebreduktionstheorien) (vgl. Mircosoft Encarta 2003[4]).

Heute gehen die Wissenschaftler und Psychologen davon aus, dass die Umwelt gezielt mit in die Entscheidung und Handlung miteinbezogen wird und keineswegs versucht, Anregungen durch die Umwelt zu minimieren. Es wird immer Versucht ein optimales Ausmaß zu erreichen. Neben den individuellen Motiven werden immer wieder kognitive Vorgänge wie zum Beispiel Erwartungen miteinbezogen.

Seit der sog. Kognitiven Wende (nach dem Ende des 2. Weltkriegs) wird Motivation oft als eine multiplikative Verknüpfung von Erwartung und Wert konzipiert. Gemäß diesen Erwartungs-mal-Wert-Modellen geht Motivation auf die Erwartung bestimmter Handlungsergebnisse und Handlungsfolgen sowie auf deren (positive oder negative) Bewertung zurück. Erwartungs-mal-Wert-Modelle sind psychologische Modelle der Motivation, die versuchen Verhalten aufgrund von Anreizen und Erwartungen vorherzusagen. „Allgemein gefasst besagen die Erwartungs-mal-Wert-Modelle, dass die Wahrscheinlichkeit ein bestimmtes Verhalten zu zeigen - das Verhaltenspotential - eine Funktion des - emotionalen oder kognitiven - Wertes des antizipierten Resultats des Verhaltens und der - vermuteten - Wahrscheinlichkeit des Eintretens des Resultates (der Erwartung) ist. Kurz gefasst: V = f(W;E)" (www. http://de.wikipedia.org[5)]).

In Zusammenhang mit dem Erwartungs-mal-Wert-Modell soll folgende Abbildung den Vorgang der motivierten Handlung verdeutlichen.

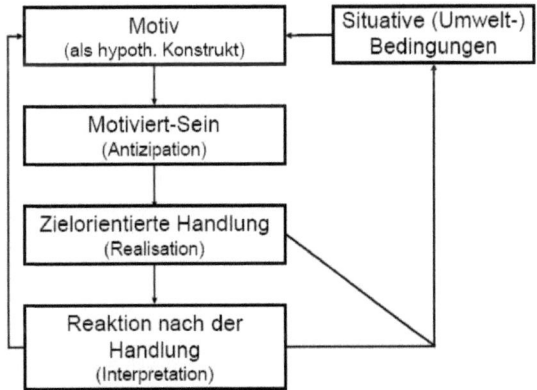

Abb. 2: Grundschema zum Ablauf von Motivationsprozessen
(Hänsel, F., 2004, S.9)

Am Anfang eines Motivationsprozesses steht das Motiv, welches ein hypothetisches Konstrukt darstellt, das ständig durch situative Bedingungen (Umwelt) verändert bzw. korrigiert wird.

Ausgehend von diesem Motiv erfolgt ein Motiviert-Sein. Hier wird dem Ergebnis vorweg gegriffen und es werden Erwartungen aufgestellt (Antizipation). Das Ergebnis der Antizipation bewirkt eine Zielorientierte Handlung (Realisation). Nach jeder Handlung erfolgt dann die Bewertung selbiger. Es findet ein Soll-Ist-Abgleich mit den Erwartungen statt und es findet eine positive oder negative Bewertung des Vorgangs sowie des Ergebnisses statt.

Dieses Ergebnis fließt in Zukunft mit in die Motivbildung ein und kann ein vorhandenes Motiv bestärken, verändern oder schwächen.

3.2 Intrinsische Motivation

Die intrinsische Motivation wird auch als Primärmotivation bezeichnet. Hier findet die Motivation „auf Grund von" etwas statt. Eine Handlung findet auf Grund eines inneren Anreizes statt. Etwas wird subjektiv als interessant oder notwenig bewertet und gilt damit als erstrebenswert. Intrinsisch motivierte Handlungen sind stark emotional geprägt. Als Anreizindikatoren können zum Beispiel Spaß, Freude und Interesse als positive Beispiel genannt werden. Handlungenziel und Zweck sind identisch.

„Die Forschung zur intrinsischen Motivation hat gezeigt, dass der Anreiz für eine Handlung nicht nur in einer erwarteten äußeren (extrinsischen) Belohnung, sondern auch in positiven Erfahrungen während der Tätigkeit selber bestehen kann. Ein solcher Tätigkeitsanreiz kann unter anderem das Flow-Erleben sein. Intrinsische Motivation kann durch das Erleben von Autonomie, von eigener Kompetenz und von positiven sozialen Beziehungen gefördert werden (www.wikipedia.de[6])."

3.3 Extrinsische Motivation

Die extrinsische Motivation wird auch als Sekundärmotivation bezeichnet. Diese Art der Motivation beruht auf dem Streben nach Belohnung (Motivation „um zu") bzw. Anerkennung respektive der Bemühung eine Bestrafung zu vermeiden. Ein Ziel gilt aus Fremdbestimmung als interessant und ertrebenswert. Ein Problem der extrinsischen Motivation ruft häufig nach immer höherer Belohnung und kann bei Menschen, die stark intrinsisch motiviert sind sogar destruktiv wirken (Beispiel: ‚Ich wollte ihr/ihm doch eine

Freude machen und jetzt zahlt er dafür!'). Extrinsische Belohnungen können also unter Umständen die Motivation schmälern, wenn bereits intrinsische Motivation vorhanden war (www.wikipedia.de[7]). Dies wird als Korrumpierungseffekt bezeichnet. Handlungsziel und Zweck sind nicht identisch (vgl. Hänsel, F., 2004, S.11).

An den oben genannten Unterschieden zwischen den beiden Motivationsarten ist zu erkennen, dass die Primärmotivation stärker und vor allem zuverlässiger ist als die Sekundärmotivation. Denn während das Individuum bei der Sekundärmotivation eigentlich immer auf andere angewiesen ist, reichen einem primär motivierten Menschen die Handlung und die innere Bestätigung aus sich selbst heraus schon, um ein Erfolgserlebnis zu haben (Vgl. Baumann, S.,1993, S. 132)

4 Anwendungsgebiete und Ziele von Motivationstraining

Die Anwendungsgebiete für Motivationstraining sind sehr vielfältig. Die größten Bereiche sind allerdings Beruf und Sport. Ziel dieses Trainings ist die Steigerung der allgemeinen und der speziellen, auf den Beruf oder die Sportart ausgerichteten Motivation, vor allem im Bereich der Leistungsbereitschaft.

4.1 Ansatzpunkt

Die Basis eines guten Motivationstrainings besteht im groben aus 3 Teilen.

1. Es sollte an bereits vorhandene Primärmotive angeknüpft werden und Grundbedürfnisse berücksichtigt werden (vgl. Baumann, S., 1993, S. 145).

2. Es sollte nicht nur die Persönlichkeit analysiert, sondern auch auf die individuellen Reaktionen in bestimmten Situationen eingegangen werden.

3. Veränderungen von Motiven und somit auch der Motivation müssen ständig kontrolliert und in den Trainingsplan integriert werden.

4.2 Sprachliche und wahrnehmungsgebundene Motivationen

Sprache und Bilder sind Stellvertreter für alle inneren Gefühls- und Antriebsprozesse. Daher sollten Assoziationen zu unangenehmen Ereignissen und negativen Gefühlen vermieden werden (vgl. Baumann, S., 1993, S. 149 - 150).

Besser man sagt „ihr werdet gewinnen" oder „freut auch auf dieses Spiel", da die Begriffe „gewinnen" und „freuen" positive Gefühlsregungen ansprechen und den Aktiven dazu bewegen, sein Bestes zu geben (vgl. Baumann, S., 1993, S. 149).

„Ihr werdet nicht verlieren" oder „ihr braucht keine Angst zu haben" haben zwar inhaltlich die gleiche Zielsetzung, die Worte „verlieren" bzw. „Angst" werden jedoch eher mit negativen Erfahrungen assoziiert, was sich dann negativ auf das Verhalten auswirken kann (vgl. Baumann, S., 1993, S. 149).

Ebenso funktioniert es mit der wahrnehmungsgebundenen Motivation. Hier sind es aber meist visuelle Eindrücke, durch Filme, Bilder oder Beobachtung direkt am Geschehen, die bestimmte Gefühlsregungen verstärken.

5 Zielsetzungstraining

Im Leben und im Sport setzen wir uns Ziele. Dabei lenken die Ziele unser Handeln in eine bestimmte Richtung. Ziele fördern die Anstrengungsbereitschaft und die Motivation.

Beim Zielsetzungstraining wird dieser Punkt der Motivationssteigerung durch die Erreichbarkeit immer wieder neu festgelegter Ziele ausgenutzt. Hierbei soll eine langfristige (immer wieder neue) Leistungssteigerung erzielt werden.

Doch um sein Traumziel auch zu erreichen, müssen einige Punkte beachtet werden.

5.1 Konkrete Ziele

Beim Zielsetzungstraining ist es wichtig, dass eine realistische Zielsetzung gewählt wird, bei der der Sportler, auf Grund seiner Fähigkeiten in der Lage ist dieses Ziel auch zu erreichen.

Über- und Unterforderung sollen vermieden werden, da in beiden Fällen ein Motivationsverlust sehr wahrscheinlich ist.

Weiterhin müssen klare Zielformulierungen gewählt werden. Die Aussage „Mein Ziel ist es, mein Bestes zu geben", ist zu ungenau und stellt keine Herausforderung dar. Auch ist die Einführung von Zwischenzielen sehr sinnvoll. Sie werden zum Teil als Kontrollfunktion eingesetzt, und zeigen dem Sportler, ob er auf dem richtigen Weg, zum Erreichen höher gesteckter Ziele ist.

Beispielsweise kann das Ziel im Hochsprung die Überquerung von 1,70m sein. Die technisch richtige Lattenüberquerung könnte hier ein Zwischenziel darstellen.

Ein wichtiger Punkt zur Realisierung von Zielen ist, dass der Sportler sich seine Ziele selbst festlegt und dass er das dafür nötige Selbstbewusstsein besitzt.

Werden die Ziele hingegen vom Trainer festgelegt und nicht vom Sportler selbst, so kann es passieren, dass im Falle eines Scheiterns, der Sportler dieses nicht als sein eigenes Ziel anerkennt. Der Sportler schiebt die Verantwortung von sich ab, da dieses Ziel "nur" das Ziel seines Trainers war.

Optimal wäre hierbei, wenn Trainer und Sportler die gleiche Zielsetzung verfolgen.

Das, bereits angesprochene, Selbstbewusstsein hilft dem Sportler bei der Umsetzung seiner Ziele. Mangelndes Selbstbewusstsein, das die Sportler an ihrem persönlichen Erfolg hindert, ist oft bei Kindern zu beobachten.

Im Handballspiel ist es oft ihr größter Wunsch einmal selbst ein Tor zu werfen .Doch wenn sie dann in einer guten Wurfposition vor dem Tor sind, werfen sie nicht aufs Tor, sondern spielen zu einem Mitspieler ab. Hier tritt das mangelnde Selbstbewusstsein in die eigenen Fähigkeiten auf.

Oft sind Ziele (besonders in Mannschaftssportarten) nicht realisierbar. Das Ziel, das Spiel zu gewinnen, wird oft verfehlt, doch muss dies nicht an der schlechten Leistung der eigenen Mannschaft liegen, sondern kann auch auf die Überlegenheit der gegnerischen Mannschaft zurückgeführt werden. Daher sollen Handlungsziele vor Ergebnisziele gesetzt werden. „Handlungsziele sind leistungs- und verhaltensorientiert und können vom Athleten direkt kontrolliert werden. Er allein ist dafür verantwortlich, seine Leistung ist vom Fremdverhalten unabhängig" (Baumann, 1993, S.157).

So kann ein Basketballspieler, der seinem Gegner keinen Punkt gegönnt hat mit seiner Leistung zufrieden sein. Das Endresultat des Spieles spielt hierbei keine Rolle. Daher sollen Sportler in erster Linie ihre eigenen Fähigkeiten verbessern und nach dem Prinzip Leistungs- vor Ergebnisverbesserung vorgehen.

5.2 Gefahren der Zielsetzung

Obwohl das Zielsetzungstraining sehr erfolgsversprechend klingt durch seine ständige neue Motivierung, müssen auch die Gefahren, die entstehen können, berücksichtigt werden.

Die Blockierung tritt dann ein, wenn das höchstgesteckte Ziel (z.B. Gewinn der Deutschen Meisterschaft) erreicht wurde, und dann keine Leistungssteigerung oder Leistungswiederholung auftritt.

Diese Sportler sind völlig zufrieden mit dem Erreichen ihres Zieles, so dass weitere Zielsetzungen fehlschlagen.

Eine häufige Gefahr, die auftritt und das Scheitern des Zieles bedeutet, ist der Erfolgsdruck. Dieser kann nicht nur vom Sportler selbst, sondern kann auch vom Trainer, Eltern oder Sponsoren, ausgehen. Daher sollte man sich vor Augen halten, dass man an Zielen auch scheitern kann. Daher sollten Ziele nicht als starres Gebilde betrachtet werden, sondern sie sind veränderbar.

Die Abhängigkeit tritt dann auf, wenn der Sportler sich selbst und sein Können in Frage stellt.

Im Laufe der Zeit entwickelt jeder Sportler ein stabiles Selbstkonzept, dass ihm das Bewusstsein des eigenen Könnens und der realistischen Leistungsfähigkeit wiedergibt (vgl. Baumann, 1993, S.162). Dieses wird normalerweise auch bei Niederlagen (den auch Niederlagen können vorkommen) aufrechterhalten. Wenn jetzt aber äußere Einflüsse (Zeitung, Mannschaftskollegen…) die Fähigkeit bzw. Leistung eines Sportlers kritisieren und dieses Einfluss auf sein Selbstkonzept hat, und somit auch auf sein Selbstbewusstsein, dann wird er seine Leistung nicht mehr erbringen.

Der letzte Punkt, der die Zielsetzung gefährden kann, ist die Ignoranz gegenüber dem Weg, den man bestreiten muss, um sein Ziel zu erreichen.

Diese tritt auf, wenn man nur noch das Ziel vor Augen hat, und dabei vergisst oder ignoriert, mit welchen Mitteln und Fähigkeiten man das Ziel erreichen kann. Hier ist das Sprichwort: „Der Weg ist das Ziel" sehr hilfreich.

5.3 Finden und Aufstellung der verschiedenen Ziele

Zunächst werden alle Ziele und Wünsche schriftlich festgehalten. Dabei spielt es keine Rolle, ob es sich dabei um technische, taktische Ziele oder um Verbesserung psychischer Zustände geht.

Auch, ob die Ziele in absehbarer Zeit oder in weiter Ferne (oder vielleicht auch nie, siehe Traumziele) erreicht werden können, spielt bei der Auflistung erst mal keine Rolle. Nachdem alle Ziele festgehalten wurden, werden sie bezüglich ihrer Wertigkeit und ihrer zeitlichen Erreichbarkeit in Nahziel, Mittelfristige Ziele und Fernziel/Traumziel unterteilt.

5.3.1 Nahziel

Das Nahziel stellt die Grundlage für das Training dar und sollte innerhalb eines Zeitraumes von zwei Wochen realisiert werden können. Dabei erfolgt eine Differenzierung zwischen sportartenspezifischen, d.h. konditionellen, taktischen oder technischen Verbesserungen oder die Steigerung der mentalen Stabilität (vgl. Baumann, 1993, S.165).

Hierbei ist wieder zu beachten, dass klare Zielformulierungen gewählt werden.

Beispiel sportartspezifisches Nahziel

Tennis: 1. Ziel: „Ich werde ohne Zögern nach dem ersten Aufschlag ans Netz gehen."
2. Ziel: „Ich erlaufe auch schwierige Bälle."

Beispiel mentale Nahziele

Fußball: 1. Ziel: „Auch bei Fouls und Aggressionen des Gegners bleibe ich cool."
2. Ziel: „Ich akzeptiere es, wenn ich einen Fehler mache."
(Baumann, 1993, S.165)

5.3.2 Mittelfristige Ziele

Mittelfristige Ziele werden für einen überschaubaren Zeitraum von ca. drei Monaten bis zu zwei Jahren angesetzt. Die Formulierung dieser Ziele erfolgt nicht so präzise, wie bei den Nahzielen. Denn sie können sich auch auf Inhalte beziehen, die zum gegenwärtigen Zeitpunkt noch zu schwierig sind.

Daher wird eine Unterteilung in Zwischenziele vorgenommen. Diese dienen dazu den Lernerfolg festzustellen. Wie bereits erwähnt, stellen sie kein starres Gerüst dar, sondern müssen gegebenenfalls verändert werden.

Beispielsweise bei einer Verletzung des Sportlers ist klar, dass das Ziel in gegebenen Zeitrahmen nicht realisiert werden kann.

Beispiel sportartspezifische mittelfristige Ziele

Stabhochsprung:1. Ziel: „Ich möchte im nächsten Jahr meine Bestleistung um 40cm erhöhen."

    2. Ziel: „Mein Lauf muss locker aber konzentrierter erfolgen, um die letzten Schritte zu rhythmisieren."

Beispiel mentale mittelfristige Ziele

Stabhochsprung: 1. Ziel: „Ich werde mich nur auf mich selbst und meine Technik konzentrieren."

    2. Ziel: „Ich werde im Training jeden gelungenen Sprung mental wiederholen."(Baumann, 1993, S.166/167)

5.3.3 Fernziel / Traumziel

Fernziel bzw. Traumziel sind die Leitidee und stellen die motivierende Funktion dar. Diese Ziele können sehr weit entfernt sein, beispielsweise die Teilnahme an den Olympischen Spielen. Doch obwohl es sein kann, dass der Sportler sein Ziel nie erreichen wird, ist er darüber nicht enttäuscht. Um dies etwas zu verdeutlichen folgendes Zitat:

Wunschträume sind die Wegbereiter ungehemmten Handelns. Sie treiben uns zur Suche nach der Herausforderung schwieriger aber realisierbarer Ziele. Wunschträume sind wie ein Fluss, der uns trägt, dessen Mündung noch nicht erkennbar ist, der uns aber dauernd neue Leistungsforderungen auferlegt, deren Erfüllung uns dem endgültigen Ziel immer näher bringt (Baumann, 1993, S.156).

Wichtig für alle Sportler ist, dass sie ein Wunschziel haben, aber sie müssen auch ein realisierbares Ziel vor Augen haben. Denn diese Kombination setzt den Motivierungsprozess erst richtig in Gang.

6 Goal Setting[1]

Die englischsprachige Literatur kennt unter dem Begriff „Goal Setting" das, was wir unter Zielsetzung bzw. Zielsetzungstraining verstehen. In den folgenden zwei Kapiteln sollen die englischen Fachbegriffe weiter Verwendung finden.

Weinberg und Gould (1999, S. 306) unterscheiden grundlegend zwischen subjektiven und objektiven Zielen.

Subjektive Ziele sind allgemeine Äußerungen, wie sie ein Jeder von sich oder Anderen kennt: „Ich möchte endlich abnehmen", „Ich möchte mich gut/besser fühlen", „Ich möchte Spaß haben". Diese Ziele sind in keiner Weise zu messen oder zu kontrollieren.

Objektive Ziele hingegen zeichnen sich dadurch aus, dass sie exakt messbar sind. Z. B. Vorsätze wie: „In drei Monaten nehme ich fünf Kilogramm ab". Es geht also darum, einen spezifischen Leistungsstand innerhalb einer definierten Zeitspanne zu erreichen.

Weinberg et al. (1999, S. 306) differenzieren objektive Ziele in „Outcome", „Perfomance" und „Process Goals", auf die im Folgenden weiter eingegangen werden soll.

6.1 Outcome Goals[2]

Outcome Goals beziehen sich laut Weinberg et al. (1999, S. 306f.) immer auf das absolute oder relative Ergebnis eines Wettkampfes oder Wettstreits, wie z. B. das Rennen oder die Medaille zu gewinnen, oder einfach nur mehr Punkte erzielt zu haben, als der Gegner. Jedoch ist das Erreichen eines solchen Ziels nicht immer nur vom eigenen Einsatz abhängig, sondern meist auch von dem des Gegners. So kann man das Tennismatch seines Lebens gespielt und trotzdem verloren haben.

Außerhalb von Wettkämpfen ist das Setzen vom Outcome Goals ein wichtiger Faktor der Kurzzeitmotivation. Denkt man beispielsweise an das Gefühl, wie man von einem Erzfeind besiegt wird, kann dies ein Ansporn für ein diszipliniereteres und intensiveres Training sein.

Jedoch ist kurz vor oder während eines Wettkampfes das Fokussieren auf ein Outcome Goal in der Regel kontraproduktiv, da man sich viel zu sehr auf das Endergebnis konzentriert, als dass man der momentanen Handlung, auf die es gerade ankommt, genügend Beachtung schenkt.

---

[1] Zielsetzung
[2] Ergebnis-/Resultatsziele

6.2 Performance Goals[3]

Im Gegensatz zu „Outcome Goals" sind „Performance Goals" grundsätzlich von der Leistung Anderer losgelöst. Es findet immer ein Vergleich mit einer eigenen, früheren Leistung statt, was eine Zielsetzung für den Anwender flexibler und einfacher zu kontrollieren macht. Eine drei Kilometer lange Strecke in einer Minute weniger zu laufen, als noch in der letzen Saison, wäre ein Beispiel dafür (vgl. Weinberg et al., 1999, S. 306).

6.3 Process Goals[4]

Wie Performance Goals lassen sich auch Process Goals viel feiner skalieren als Outcome Goals. Bei ihnen liegt der Schwerpunkt auf einzelnen Elementen innerhalb von Bewegungsphasen. So nimmt es sich beispielsweise ein Basketballspieler bei der Ausführung eines Sprungwurfs zum Ziel, aus dem parallelen Stand, gleichzeitig mit beiden Beinen abzuspringen, und erst am Umkehrpunkt seines Sprungs den Ball zu werfen (vgl. Weinberg et al., 1999, S. 307).

7 Neun Prinzipien des Zielsetzungstrainings

Weinberg et al. (1999, S. 310) nennen mehrere Leitsätze zum Goal Setting, die neun Wichtigsten sollen hier vorgestellt werden.

1. **Setze dir präzise Ziele!**

    Präzise gesetzte Ziele haben einen viel höheren Effekt auf das Verhalten eines Athleten, als das oft von Trainern geforderte: „Gib dein Bestes". Die vage Aussage aus Kapitel 6: „Ich möchte endlich abnehmen!", könnte folgender Maßen modifiziert werden, damit sie in griffigen Einheiten messbar wird: „Ich möchte innerhalb von zwei Monaten meine Cholesterinspiegel von 290 auf 200 senken! Das erreiche ich, indem ich bewusst, auf die abendlichen Snacks wie Chips usw. verzichte und zusätzlich dreimal wöchentlich eine halbe Stunde laufe!"

2. **Setze dir mäßig schwere, aber realistische Ziele!**

    Ein mäßig schwer zu erreichendes Ziel ist am effektivsten, da der Athlet wohlmöglich daran scheitern könnte, mit gebührendem Aufwand jedoch von ihm zu

---

[3] Leistungsziele
[4] Prozess-/Ablaufziele

erreichen ist, wohingegen ein mit Leichtigkeit erreichtes Ziel u. U. nicht viel Wert ist und ein zu Optimistisch gesetztes Ziel mit hoher Wahrscheinlichkeit nicht erreicht wird, was dann zu Frustration und einem geringeren Selbstwertgefühl führen kann.

3. Setze dir kurz-, mittle- und langfristige Ziele!

Da sich Verhaltensmuster nicht über Nacht ändern können, ist es wichtig, sowohl lang- als auch kurzfristige Ziele zu setzten. Da die reine Fokussierung auf ein langfristiges Ziel sich nicht verbessernd auf die Leistung auswirkt, müssen kurz- und mittelfristige Ziele gesetzt werden, die man progressiv abarbeitet. Weinberget al. (1999, S. 312) nennen als Beispiel ein Treppen- oder das in Abbildung 3 gezeigt Bergmodell.

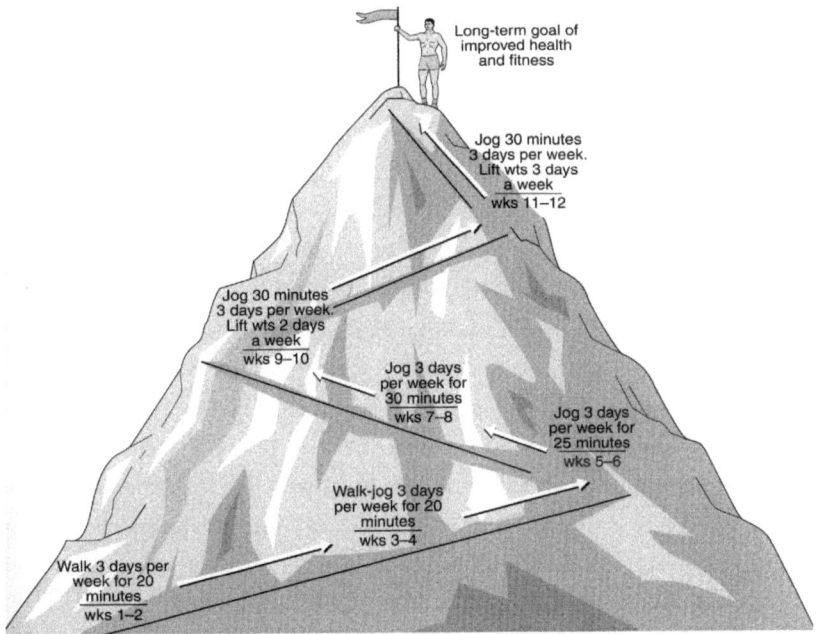

Abb.3: Climbing the mountain of change in lifestyle – a progression of short-term goals leading to improved health and fitness (Weinberg et al., 1999, S. 313)

4. Setze dir Performance- und Process Goals um Outcome Goals zu erreichen!

Die gesamte Zeit eines Wettkampf oder Spiels an das Outcome Goal „zu gewinnen" zu denken, ist, wie oben beschrieben, ironischer Weise meist der Grund, weshalb man scheitern. Der beste Weg zu gewinnen, ist sich auf die Perfomance- und Process

Goals zu konzentrieren, die, wenn erreicht, dann dazu führen, dass im größeren Kontext gesetzte Outcome Goals zu erreichen. Andersherum: Outcome Goals bedingen Perfomance- und Process Goals.

5. **Setze dir Trainings- und Wettkampfziele!**

Es ist entscheidend, sich sowohl Wettkampf- als auch Trainingsziele zu setzen. Leider passiert es viel zu oft, dass, egal ob Trainer oder Athlet, nur Ziele für den Wettkampf gesetzt werden. Da aber die Zeit, in der ein reguläres Training Woche für Woche statt findet, unverhältnismäßig höher ist, als die Zeit, in der ein Athlet bei einem wichtigen Ereignis wetteifert, muss es nahe liegen, eben gerade für das reguläre Training konkrete Ziele zu formulieren.

6. **Schreibe deine Ziele auf!**

Der Ausspruch „Aus den Augen, aus dem Sinn" birgt viel Wahres für das Zielsetzungstraining in sich. So wird beispielsweise empfohlen, stichpunktartig beschriebene Zettel mit in der Sporttasche zu führen, sich in den Spind zu hängen, oder zu Hause an den Spiegel zu kleben. Wovon man Abstand nehmen sollte, ist, lange und gut gemeinte Gedankengänge niederzuschreiben und diese in einer Schreibtischschublade verschwinden zu lassen – dort schaue man nämlich nie wieder nach (vgl. Weinberg et al., 1999, S. 314).

7. **Stelle dir einen Arbeits-/Zeitplan auf!**

Sich ohne einen entsprechenden Plan Ziele zu setzen, ist, als wolle man mit seinem Auto in eine fremde Stadt, ohne eine Karte dabei zu haben. Meist genügt es nämlich nicht, sich vorzunehmen, man „gehe dreimal die Woche laufen". Spätestens Donnerstag wird es einem bewusst, das dieses Ziel in dieser Woche nicht mehr zu erreichen ist. Es empfiehlt sich deshalb, das „Laufengehen" fest in den Wochenablauf zu integrieren, sodass man z. B. montags, mittwochs und freitags eine dreiviertel Stunde läuft. Zusätzlich zu diesem Zeitplan muss außerdem eine Priorisierung erfolgen, die dem „Laufengehen" einen höheren Stellenwert einräumt, als mit dem Arbeitskollegen ein Bier trinken zu gehen.

8. **Unterstütze deinen Athleten, sich für seine Ziele einzusetzen**

und

9. **Gib Feedback über den Stand der Dinge!**

Aktives Zuhören und qualifiziertes Feedback geben zu können, sind die Schlüsselfähigleiten eines guten Trainers. Er unterstützt seine Athleten, ihre Ziele zu verfolgen und sich neue Ziele aufzuerlegen. Eine Evaluation und das Feedback des

Trainers sind die besten Möglichkeiten für den Athleten, seinen momentanen Stand auf dem Weg zum Erreichen eines Ziels zu erfahren. Es sollte immer ein Soll-Ist-Vergleich durchgeführt werden, sodass das Ziel ggf. angepasst oder ein neues Ziel gesetzt werden kann.

7.1 Anleitung für ein Zielsetzungstraining

Seiler und Stock (1994) geben stichpunktartige Hinweise, wie ein Zielsetzungstraining aussehen kann. Anzumerken ist hier, dass mache Anweisungen von dem oben Beschriebenen abweichen, was impliziert, dass die Begriffe Zielsetzungstraining bzw. Goal Setting in den unterschiedlichen Sprachräumen verschieden weit greifen, bzw. ausformuliert sind.

Zum Ablauf:

- Bequeme Körperhaltung einnehmen, Augen schließen, ruhig und gleichmäßig atmen
- An den bevorstehenden Wettkampf denken
- Sich fragen: „Was will und was kann ich erreichen?" In Gedanken ein messbares Ziel formulieren, welches realistisch ist und eine Herausforderung darstellt. Ein Ziel ist dann realistisch, wenn es mit den verfügbaren Mitteln und mit Anstrengung voraussichtlich erreicht werden kann. Wenn die eigenen Mitte zu gering sind, Ziel niedriger ansetzen
- Das gesetzte Ziel klar vor dem innerer Auge haben

Die Autoren empfehlen dies an einen ungestörten Ort für ca. 10 bis 15 min. (bzw. in vier Schritten à 2 bis 3 min. täglich zur gleichen Zeit zu wiederholen. Anwenden findet das so Geübte unmittelbar vor dem Aufwärmen für 10 bis 15 min.

8 Empirische Bewährung

Laut Weinberg et al. (1999, S. 308) belegen Studien aus den 1980-er Jahren, dass Sportler bessere Leistungen durch Zielsetzungstraining erreichen, als wenn sie einfach nur so „ihr Bestes geben". Bei über 90 % der Probanden (vom Grundschulkind bis zum Akademiker) zeigte sich ein anhaltend positiver Effekt, bezogen auf die Leistungsverbesserung.

Dies lässt die Behauptung zu, Zielsetzungstraining sei uneingeschränkt nützlich, um seine sportliche Leistungsfähigkeit zu verbessern.

Bei weiteren Untersuchungen von Weinberg et al. (1993 u. 1997, zitiert nach Weinberg et al. 1999, S. 309) wurde u.a. festgestellt, dass fast alle Sportler von sich aus eine Art Zielsetzungstraining zur Leistungssteigerung anwenden. Nach ihren wichtigsten drei Zielen gefragt, antworteten Sportler (in dieser Reihenfolge): „Leistungssteigerung, siegen und Spaß haben". Als die größten Hindernisse, ein Zielsetzungstraining anzuwenden, wurden Zeitmangel, Stress, Abgeschlagen und Leistungsdruck in der Schule, der Universität, bzw. dem Beruf genannt.

Abschließend sollte nicht unerwähnt bleiben, dass Frauen sich öfter Ziele setzten und die effektiver finden als Männer.

9 Zusammenfassung

In den vorangegangen Kapiteln wurde versucht, den Leser über Motivationstraining bzw. im Speziellen das Zielsetzungstraining zu informieren. Dabei wurden Begriffe wie Motiv, Motivation und Motivierung voneinander abgegrenzt und der Unterschied zwischen intrinsischer und extrinsischer Motivation erläutert. Das Zielsetzungstraining ist eine Möglichkeit den Menschen intrinsisch zu motivieren., was wie erwähnt die „bessere" Möglichkeit der Motivation darstellt, da hier das Ziel nicht durch andere Menschen beschränkt wird.

Zielsetzung findet prinzipiell ständig und überall statt, vor allem im Sport und hier speziell im Wettkampf gibt es eigentlich keine, der ohne bestimmte Ziele „an die Sache rangeht".

Durch die Zielsetzung soll eine langfristige (immer wieder neue) Leistungssteigerung erzielt werden. Es gibt verschiedene Arten von Zielen, die sich in ihrer „Erreichungszeit" und ihrer Verwirklichungsmöglichkeit unterscheiden.

Wir haben versucht zu zeigen, dass das Zielsetzungstraining ein sinnvolles Werkzeug sowohl für den Trainierenden, als auch für den Trainer darstellt, und wollten dazu anregen, sich einmal intensiver mit seinen Zielen auseinanderzusetzen, denn viele Ziele sind zwar vorhanden, aber noch nie wirklich benannt worden.

Literaturverzeichnis

Baumann, S. (1993). *Psychologie im Sport*. Meyer & Meyer: Aachen

Erdmann, R. (1983). *Motive und Einstellungen im Sport. Ein Erklärungsansatz für die Sportpraxis.* Hofmann: Schorndorf.

Hänsel, F. (2004). Ue4_Motivation.pdf. Unveröffentlichtes Manuskript. Frankfurt/M.

Hänsel, F. (2004). Ue5_Leistungsmotvation.pdf. Unveröffentlichtes Manuskript. Frankfurt/M.

http://de.wikipedia.org. Suchbegriffe:	(3) Motivklassifikation
	(5) Erwartungs-mal-Wert-Modell
	(6) intrinsische Motivation
	(7) extrinsische Motivation

http://de.wikipedia.org/wiki/Motiv_%28Psychologie%29. Abgerufen am 6.09.2005

Microsoft Encarta 2003. Suchbegriffe:	(1) Motiv
	(2) Motivation
	(4) Motivationstheorien

Seiler, R. & Stock A. (1994). *Handbuch Psychotraining im Sport: Methoden im Überblick.* Rowohlt: Reinbek bei Hamburg.

Weinberg, R. & Gould, D. (1999). *Foundation of sport and exercise psychology.* Human Kinetics: Champaign